딸꾹질의 사이학

실천시선 231
딸꾹질의 사이학

2015년 2월 27일 1판 1쇄 펴냄
2015년 3월 31일 1판 2쇄 펴냄

지은이	고영
펴낸이	김남일
편집	이호석, 박성아, 이승한
디자인	김현주
관리·영업	김태일, 박윤혜

펴낸곳	(주)실천문학
등록	10-1221호(1995.10.26)
주소	서울특별시 마포구 월드컵로10길 48 501호(서교동, 동궁빌딩)
전화	322-2161~5
팩스	322-2166
홈페이지	www.silcheon.com

ⓒ 고영, 2015
ISBN 978-89-392-2231-1 03810

이 시집은 서울문화재단 '2012 예술창작지원-문학' 사업의 지원을 받아 제작되었습니다.
이 책 내용의 전부 또는 일부를 재사용하려면
반드시 지은이와 실천문학사 양측의 동의를 받아야 합니다.

이 도서의 국립중앙도서관 출판시도서목록(CIP)은 e-CIP홈페이지(http://www.nl.go.kr/ecip)와
국가자료공동목록시스템(http://www.nl.go.kr/kolisnet)에서 이용하실 수 있습니다.
(CIP제어번호:CIP2015005537)

실천시선
231

딸꾹질의 사이학

고영

실천문학사

차례

제1부

달걀	11
서둘러 문을 닫는 사람은 문을 외롭게 하는 사람이다	12
뱀의 입속을 걸었다	13
태양의 방식	14
악수	16
우리 그냥	18
패	20
후회라는 그 길고 슬픈 말	22
저녁의 공복	24
독서의 방법	26
저녁이 다 오기 전에	28
새	30
평생교육원 1	32
평생교육원 2	34
원고지의 밤	35
유리창의 사내	36

헤프다는 것	38
병점행 1	40
병점행 2	42
꽃의 지옥	43
하품의 질주	44
조용한 수다	46
석봉 씨의 일기	48
춘화를 기다리며	50
오리가 반성하는 시간	52
연민	54
선물	55
사이	56

제2부

탈모	59
종이의 말씀	60
달팽이의 슬픔	62
다리 밑에 대한 명상	64
감염	66
낙관(落款)	68
입속에 세운 뿔	70
전언	72
딸꾹질의 사이학	74
손바닥을 위한 찬가	76
민달팽이	78
꽃이 부끄러워할 때	80
처절한 풍경	81
비망	82
아주 어여쁜 걱정	83
저 우리마을에 가서	84

밑줄 긋는 사내	86
겨울 강	88
벌초	89
촛불	90
악어의 눈물	92
고맙구나, 새야	94
죽도록 아름다운 풍경	95
부석사	96
습작	97
출근길	98
거짓말의 진화	100
성산포	102
해설	103
시인의 말	128

제1부

달걀

조금 더 착한 새가 되기 위해서 스스로 창을 닫았다.
어둠을 뒤집어쓴 채 생애라는 낯선 말을 되새김질하며 살았다.
생각을 하면 할수록 집은 조금씩 좁아졌다.

강해지기 위해 뭉쳐져야 했다.
물속에 가라앉은 태양이 다시 떠오를 때까지 있는 힘껏 외로움을 참아야 했다.
간혹 누군가 창을 두드릴 때마다 등이 가려웠지만.

房門을 연다고 다 訪問이 되는 것은 아니었다.
위로가 되지 못하는 머리가 아팠다.

똑바로 누워 다리를 뻗었다.
사방이 열려 있었으나 나갈 마음은 없었다. 조금 더 착한 새가 되기 위해서
나는 아직 더 잠겨 있어야 했다.

서둘러 문을 닫는 사람은 문을 외롭게 하는 사람이다

함께 나눠야 할 행복이 있어서 벽은 문이 되었다.
손잡이에서 작은 온기나마 느낄 수 있어서
문은 아직 희망이다.
초인종을 누른다. 손잡이를 놓치기 전에 문이 열렸으면.
기척을 기다린다. 닫혀 있는 문은 동굴 같다. 문이 열리면 금세 사라지고 말 동굴 속에서.
하나가 되지 못해 끝내 벽이 되어버린 얼굴.
부고장보다 차가운 낯빛.
표정이 없는 얼굴은 닫혀 있는 문보다 견고하다.
문을 여는 데도 용기가 필요하다는 걸
서둘러 닫혀버린 문밖에서. 도로 벽이 되어버린 문밖에서. 너무 늦게, 나는 알았다.
사람아, 사람아.
몸과 마음이 따로 드나들 수 있도록. 안팎이 너무 동떨어지지 않도록.
세상 모든 문들이 모두 두 개였으면 좋겠다.
서둘러 문을 닫는 사람은 문을 외롭게 하는 사람이다.

뱀의 입속을 걸었다

뱀이 쓸쓸히 기어간 산길
저녁을 혼자 걸었다

네가 구부러뜨리고 떠난 길
뱀 한 마리가
네 뒤를 따라간 길
뱀이 흘린 길

처음과 끝이 같은 길
입구만 있고
출구가 없는 길

너의 상처를 감추기 위해
너의 입속을 걸었다

뱀의 입속을 걸었다

태양의 방식

당신은 어제의 방식으로 웃어달라 했다
나는 짐짓 고개를 돌린 채 어제의 웃음을 떠올려보았지만
당신과 나와의 요원한 그 거리만큼에서
기억은 노선을 헤매고 있었다

기억에도 정류장이 있다면 얼마나 좋을까
아무 때나 타고 내릴 수 있게……

관심 없다는 듯 태양이 내리쬐고 있었다
태양에게 어제의 방식을 묻는 건 신에 대한 모독일 터
결국 나는 오늘의 방식으로 웃어주었다

한낮의 폭염 속에서 새들이 진눈깨비처럼 흩어지고 있었다
새들이 보여주는 공중의 이별은 아름다웠다

당신은 어제의 태양 아래서 웃고

나는 오늘의 태양 아래서 웃고 있었다

당신은 당신의 방식대로 어제를 향해 걸어갔고
나는 언젠가 내 生에서 지워지고 말 하루를 향해 걸어갔다
무서운 계절이 몰려오고 있었다

국경을 넘듯 횡단보도를 건너가는 당신을 향해
나는 나만의 방식으로 웃어주었다

악수

눈치를 보는 게 몹쓸 病이라는 걸 알았다.
빈손을 너무 오래 외롭게 두면
사람까지 투명하게 만든다. 사랑도 없이
손을 내밀어 웃음을 청하는 건 예의가 아니었다.
표정은 뒤가 없어서 슬프고
내겐 쥐어줄 열쇠가 없어서 슬펐다.

외출을 두려워하는 자의 손바닥에선
꽃이 피지 않는다.
농담뿐인 生에게 저녁은 참 빨리도 오고
그런 날은 악수도 축복이다.

울타리를 허물어 뜀틀을 만들면. 그렇게
높고 아름답고 눈부신 사람의 눈빛에 닿으면.
나는 손바닥을 펴 보일 수 있을까.
명함보다 가벼운 이 白紙를.

허공에서 맺어진 관계는 오래가지 않는다.
손을 흔들 줄 아는 사람이 부러웠다.

우리 그냥

우리 그냥 아파할까요
입술과 입술 사이에서 방황하는 그 뜨겁고도 차가운 속삭임
차마 다 발설할 수 없어
입안에 슬며시 피어나는 혓바늘꽃처럼
우리 그냥 통증으로 살까요

밤은 밤이라는 이름으로 캄캄하고
나는 당신이라는 이름으로 조금 더 아득합니다

어제의 창(窓)에서 떠오른 불빛들이
오늘의 아련한 눈빛 사이를 배회하는 동안
우리는 구르는 돌멩이가 가닿는 거리
딱 그 거리만큼에서
조금씩 외롭습니다

묻는다는 것, 그립다는 것, 그리고 아프다는 것,

너무 많아서 오히려 헤픈
그 많은 안부들, 더러워진 밑창들
그렇게 입안이 어두워지면
입 밖으로 외출한 말[言]들의 파문은
누가 보살피나요

달과 지구는 멀지만
멀다고 여전히 먼 사이가 아니듯
입술과 입술 사이에서
우리가 여전히 먼 속삭임이 아니듯

오늘의 말[言]은 오늘의 강물로 흘러갑니다
그러니 우리 그냥 입술 위에 떠서
공전(公轉)이나 할까요

패

당신은 가볍다 아니 무겁다.
평생 손이 갔지만 한 번도 만져본 적이 없다. 기다림은 언제나 더 많은 대가를 요구하고.
꿈을 가진 나의 손만 우두커니 슬펐다.

함부로 뒤집어볼 수 없도록 누운 벽이 되어버린.
바닥에 갇힌 당신은 의외로 솔직하다.

오지 않을 줄 알면서도 나는 기척을 열고
무작정 기다린다.
훔쳐볼 수 없는 경외(敬畏)의 순간들. 벽에선 꽃이 피지 않는다는 걸 알지만.
그럴수록 끈기가 필요하다.

꽃피는 겨울이 오면.
벽은 언젠가 집이 된다. 그날이 올 때까지 내 손은 얼마나 더 흉흉해져야 할까.

당신을 만질 수 없다는 게 내겐 상처가 되었다.

후회라는 그 길고 슬픈 말

아무 거리낌 없이
강물에 내려앉는 눈발을 맹목적이라고 허공에 쓴다

아픈 기억들을 불러내어 물 위에 놓아주는 강가
무늬도 없는 저녁이 가슴을 친다
하류로 떠밀려 간 새들의 귀환을 기다리기엔
저 맹목적인 눈발들이 너무 가엾고
내겐 불러야 할 간절한 이름들이
너무 많다

강물에 내려앉은 눈이 다 녹기 전에
아픈 시선 위에 아픈 시선이 쌓이기 전에
바람이 다 불기 전에
상처가 상처를 낳기 전에

너라는 말
자기라는 말

누구누구의 엄마라는 말
당신이라는 말
미안하다는 말

모두 돌려보내자 원래의 자리로 돌려보내자

속수무책 쏟아지는 저 눈이 녹아
누군가의 눈물이 되기 전에
다시 하늘로 돌려보내자

후회라는 그 길고 슬픈 말을 배우기 전에

저녁의 공복

혼자 사는 집의 공기가 왜 이리 가볍고 虛한가.

밥을 먹어도 공복
책을 읽어도 공복
그리운 사람도 공복

누가 있거나 말거나
오직 적막을 즐기고 가꾸는 먼지만이
공복의 꽃을 피우고 있다.

아무거나 닥치는 대로 물어뜯어보는 혼자 사는 집에서의 저녁은
아직 오지 않은 슬픔에 닿아 있다.

내가 들어가 살고 있지만
언제나 비어 있는 집

마중물 붓듯 소리 내어 시집을 읽다가
후두둑 빗소리에 놀라 창밖을 쳐다보다가
펭귄처럼 우두커니 서서 공복의 머리를 긁적이다가

애꿎은 내 그림자나 붙잡고
씨름이나 한판 하는
공복의 빈집

독서의 방법

동네 헌책방에서 시집 한 권을 모셔 왔다
이 時代의 사랑

그 옛날
내 책꽂이 속으로 거침없이 밀고 들어와
주제넘던 문청의 애간장을 몇 말쯤 졸이게 했던 그 도도
하고 고혹적인 한 여성 시인이
 졸지에 버림을 받은 이 時代의 사랑
 혹은 이 時代의 당혹 앞에서 나는
 폐허를 건너가는 손바닥으로 조심스럽게 책장을 넘겼다
 이 時代의 사랑이 청파동을 떠돌 무렵
 이 時代의 사랑이 時代의 상실로 읽힐 무렵
 책갈피 사이에서 무언가 작고 얇은 종이가 꽂혀 있는 것
을 보았다
 소쩍새 한 마리가 그려진
 사용하지 않은 구십 원짜리 보통 우표였다
 이 時代의 상실을

소쩍새의 밝은 눈으로 누군가에게 전하라는 앞선 이의
뜻이었으리라
　그래, 헌책을 읽는 후대의 누군가를 위해
　위안거리가 될 만한 밑줄 하나라도 남기는 일이
　시 한 편 쓰는 것보다 중요한 일임을,

　이 時代의 사랑을 읽는 내내
　어디선가 소쩍새 맑은 울음소리가 들리는 듯했다

저녁이 다 오기 전에

아무도 찾지 않는 강가를 걸었다
바람을 업고 포도나무 반대편으로 몇 걸음 떼었더니
당신이 젖은 손을 흔들던 쪽에서
꽁지깃이 유난히 붉은,
푸른 머리를 가진 새가 날아올랐다

새들은 모두 푸른 영혼을 가졌을 거라고
그래서 하늘이 푸른 거라고
일렁이는 손으로 강물 위에 새를 그렸더니
금세 물결이 데려갔다

내 것이 아닌 줄 알면서도
나는 포도나무에 필 꽃들을 기다리고
영영 돌아오지 않을 소식을
영영 기다릴 수밖에 없는 폐허의 심정으로
천천히 저녁을 걸었다

포도넝쿨은
왜 한사코 서쪽으로만 뻗어 가는지
포도밭에서 건너온 노을이
흐르는 강물을 다 건너가기 전에

포도나무도 모르는
포도나무의 배후가 되고 싶었다
당신도 모르는
당신의 배후가 되고 싶었다

새

미인이 다녀갔다
미인이 앉았던 자리에서 한참을 울었다

눈동자가 붉은, 그래서 슬픈 꽁지를 끌고
뒷모습의 표정만을 남긴 채
공중의 한 부분을 베어내듯 그렇게 그렇게
미인이 다녀갔다

미인이 흘리고 간 뒷모습의 환영은
오래 황홀했지만,
환영이란 결국
뒤집어볼 수 없는 달의 이면, 그 너머에 누군가 꽂아놓은
허망한 깃발 같은 것
그런데 미인들은 왜 다들 달의 그늘 속으로 사라지나
그곳엔 어느 은자(隱者)가
살고 있나

은자(隱者)여, 미인을 데려가지 마오

씻을 수 없는 여운에 기대
살아 있는 날개를 꺾어 깃발을 만들지 마오
저 차디찬 공중에 펄럭이는
뒷모습의 환영이, 공중의 한 부분을 베어내듯
오래, 아주 오래
각인이 되어 흐를 때까지

은자(隱者)여, 미인을 데려가지 마오

평생교육원 1

젊은 꽃 늙은 나무 고귀한 새들을 모셔다 놓고
선생은 언니들을 기다린다.
저마다 한 가지씩 순수한 슬픔을 들고 올 오빠들을 기다
린다.
언니 오빠들의 지고지순한 사랑 이야기를 기다린다.

평생 사랑할 수 있다면 우리는 모두 동무들.
죽어 먼지가 되어도 좋은 동무들.

얼마나 가벼워져야
얼마나 더 속을 태워야 닿을 수 있을까. 하늘은 높고
꽃이 되지 못한 꽃들의 아우성을
외롭고 높고 쓸쓸한* 단상 위에 올려놓고
선생은 눈물이 되기를 기다린다.
눈물이 꽃이 되기를 기다린다.

맨발의 낙타가 마두금(馬頭琴)을 찾아 사막을 헤매듯

거미가 지상의 노숙(路宿)을 그리워하듯

우리는 모두 평생 동무들.
위험천만한 동무들.

---

* 백석 시 「흰 바람벽이 있어」 중에서.

평생교육원 2

그래요. 절대 아프지도 말고 외롭지도 말고 함부로 죽지도 마세요. 그렇죠, 바로 그거예요. 사람만 죽이지 말고 다른 놈은 얼마든지 죽여도 됩니다. 비는 수직으로 서서 죽는다잖아요. 그러나 가급적이면 살려주도록 하세요. 화해는 그 무엇보다 아름다운 무기랍니다. 고독이요? 그딴 건 젊은것들에게나 줘버리세요. 돈 되는 것도 아닌데요, 뭘. 그냥 즐기세요. 천 개의 눈으로 천 개의 직업을 가지고 천 명의 애인과 놀아보세요. 그래야 바퀴를 보면 왜 굴리고 싶어지는지 뒹구는 돌이 언제 잠깨는지 알 거 아니겠습니까. 그러니 닥치는 대로 만져보고 품어보고 연애도 해보세요. 돌과의 연애, 물과의 연애, 꽃과의 연애…… 이왕 노는 거 좀 대범하게 즐겨보세요. 사물들의 큰언니*가 그렇게 탄생했다는 거 아닙니까. 아무리 잘 살아도 인생은 어차피 진짜 같은 거짓말, 시나 인생이나 다를 게 뭐겠습니까.

---

* 정진규, 『사물들의 큰언니』.

원고지의 밤

혼자 있는 밤이 길게 느껴지는 건
내 生의 문장이 너무 진부한 탓이리라.
원고지의 문을 두드려보아도 헛것들만 나를 반길 뿐,
내일의 운세에 슬몃 몸을 의탁해보지만
나를 위해 울어주는 풀벌레 한 마리 없고
어제와 같은 시간대에서 나는 분명 외로울 것이다.
쉽사리 정체를 드러내지 않는
내 生의 행간 속에 숨은 가면들이여,
손수레 바퀴에 끌려가는 저 늙은 청소부의 그림자 옆에
나를 물구나무 세워다오.
밤과 밤 사이의 여백에서 끝내 자유롭지 못한 건
내 生의 문장이 아직 나태한 탓이리라.
표정 없는 표지판처럼
자명해서 오히려 슬픈 밤.
원고지의 밤이 길고 아련한 걸 보니
아무래도 나는
이 밤을 너무, 오래, 걸을 것 같다.

유리창의 사내

저 유리창은 좋겠다,
언제든 흘러가는 온갖 사물들을 담아둘 수 있어서.
나는 왜 또 여관방을 기웃거리고 있는 거지?
구름의 꽁무니나 쫓아다니다 보면 어느 먼 훗날
나는 구름의 사생아로 전락할지도 몰라.
저 바람의 기억에서조차 점점 소멸해가는 내가 너무 가여울 것 같아서

저 유리창에라도 나를 좀 담아두었으면 좋겠어.
담긴다는 건 일단 안정적이어서
벼랑을 품고 사는 내가 나에게서 떨어지지 않게 잡아둘 수 있지 않을까
저 유연한 유리창처럼
자신을 통과하는 새들을 물고기로 바꿔 놀 줄 아는 처세술을 배울 수도 있잖아.
뼈대 하나 없이
풍경의 제국을 건설하는,

저 유리창의 처세술을 배우면 나도 가볍게, 유연하게
내 의지만으로 다시금 상승할 수 있을까?

……결국 나는 유리창에 무덤을 파기로 했어.
담긴다는 건 일단 안정적이어서
뼈만 남은 몰골에서도 꽃은 필 것이고
꽁지 붉은 새가 들려주는 미사의 노래가 머리를 적실 것
이니,
현명한 아내여,
유리창 앞에서만큼은 절대 눈물에 속지 않기를…….

헤프다는 것

침대 매트리스가 불어난 강물에 떠밀려 왔다
더블이다 참, 많이도 낡았다
누런 강물을 태우고
개구리와 도마뱀을 태우고 흘러흘러 딱섬까지 흘러 들
어왔다

물오른 매트리스의 출현에 한바탕 난리가 났다
오후의 갈대들이 떼로 몰려들고
강물 속 물고기들까지 야단법석이다
틈만 보이면 주둥이부터 들이미는 뜨내기 오리들
매트리스 위에 슬몃 그림자를 포개는
저 늙은 버드나무님,
내년 봄엔 꽃가루 제법 날리시겠다
구천을 떠돌던 반편이 달도 내려와 차디찬 몸을 누인다
좀 헤프다 싶게
매트리스는 모든 사물들을 받아들인다

누가 누구를 받아들여 간직한다는 거
구름이 태양을
스쿠터가 미스 김을
몸을 몸으로 기억해준다면
까짓, 좀 헤프고 경박한들 어떤가

뜯긴 실밥 속에서
갓 발기된 풀씨들
저요 저요, 고개를 쳐든다

병점행 1

스마트폰은 외계인입니다
병점행 전철은 그들이 지배하는 우주선입니다
사람들 머리에 네모난 모니터가 달렸습니다
행복한 부역자처럼
입을 봉한 채 부지런히 손을 움직입니다
자세 한번 바뀌지 않습니다
흡사 우물을 파는 것 같습니다
입 가벼운 스마트폰만 쉴 새 없이 떠들어댑니다
외계어의 범람입니다
상징의 비밀이 점점 무섭게 느껴집니다
나는 무사히 병점에 가야 합니다
딱히 목적도 없이,
스마트폰의 눈치나 살펴야 할 만큼
주눅 든 내 삶이,
소외라는 무서운 짐승을 키우고 말았습니다
멀쩡한 얼굴을 좌우로 힘껏 잡아당겨
내 머리를 네모로 만듭니다

변신입니다, 처세술이라 불러도 좋습니다
눈치는 돈 안 드는 무기입니다
문명은 함께 나눠야만 현실이 된다고 곱씹으며
이 불편하고 괴상한 몰골로
어쨌든 나는 무사히 병점에 가야 합니다

병점행 2

토마토가 익어가는 계절*이
희고 가느다란 두 손 위에 올려져 있습니다
모처럼 아름다운 풍경입니다
재기 발랄한 여대생의 숨결 속에서
토마토가 조금 더 붉어집니다
깊고 까만 눈동자가 붉게 익어갑니다
재기 발랄한 토마토가
떼구루루— 객실 안을 굴러다닙니다
토마토를 먹지 않아도
토마토는 토마토
완숙의 계절이 돌아오고 있습니다

---

* 이준규,『토마토가 익어가는 계절』.

꽃의 지옥

끈끈이주걱* 화려한 꽃잎 위에
부전나비가 앉아 있다

끈끈이주걱 흔들리는 만큼
부전나비 흔들린다
부전나비 날갯짓만큼
끈끈이주걱 흔들린다

어쩌다 너를 사랑하게 되었는지

꽃의 지옥이라도 좋다!

끈끈이주걱 아가리 속으로
몸을 밀어 넣는다
기꺼이 날개를 접는다

---

* 식충식물.

하품의 질주

기차는 빠르게 터널을 빠져나간다
옆에 앉은 여자가 입을 가리고 조용히 하품을 한다
하얀 손에 졸음이 묻어 나온다
하품이 무료한 눈꺼풀을 가라앉힌다
여자 앞에 앉은 사내가 팔을 들어 기지개를 켠다
입을 크게 벌리고 하품을 먹는다
눈가에 맺힌 눈물이 기어이 고개를 꺾는다
사내 옆에서 신문을 보던 중년신사가 슬쩍 하품에 몸을 기댄다
어제 발생한 사건들이 일제히 최면에 걸린 듯
차창 밖으로 몸을 던진다
기차의 속도가 점점 빨라진다, 천안 지난다
레일 위의 진동이 일정할수록
하품은 더욱 맹렬하게 세력을 넓힌다
하품이 지배하는 객실의 공기만 느리게 흘러간다
누군가의 휴대폰이 아우성을 치며 울린다
놀란 사람들이 주머니에서 휴대폰을 꺼내 들고 확인을

한다
   전화를 받은 처녀가 자지러지며 웃는다
   쳐다보던 시선들도 따라 웃는다
   하품이 잠시 숨을 돌리는 사이, 대전 지난다
   여자는 서둘러 볼일을 본다
   옆 좌석의 사람들은 하다 만 얘기를 주고받는다
   풀린 눈동자 속에 몸을 숨긴 하품이
   호시탐탐 기회를 엿보고 있다

조용한 수다

옆자리의 여자가 핸드폰을 왼손에 들고 화상통화를 한다
액정 속 남자에게 오른손이 안부를 묻는다
입을 조금 벌리고 웃음을 전송한다
오른손이 하는 인사가 빠르게 남자의 양손에 전해진다
벌어진 입보다 손가락이 더 크게 웃는다
손바닥에 따듯한 미소가 번진다
표정이 하는 수다를 오른손이 그대로 따라 옮긴다
수화를 곁눈질하던 승객들이
조용한 말잔치에 몰래 귀를 세운다
오른손의 수다에 나도 덩달아 고개를 끄덕거리다가
얼떨결에 여자의 눈빛과 마주친다
입을 닫은 여자의 오른손이 불쾌한 표정을 짓는다
나는 무안한 시선을 바닥으로 던지고
양다리를 끌어당겨 짐짓 자세를 고쳐 앉는다
서로 엉덩이를 붙이고 앉은 나와 여자 사이에
잠시 어색한 정적이 흐른다
액정 속의 남자는 아무 영문도 모른 채

끊임없이 안녕을 전송하고
여자는 짧게 짧게 답신을 보낸다
잠바 주머니 속에 구겨 넣은 손가락으로
여자의 수다를 따라하는 동안
마지막 전철은 수화처럼 빠르게 강을 건너고 있다

석봉 씨의 일기

엄마는 아직 떡을 썰고 있고요
나는 굼벵인지 지렁인지 가래떡인지 모를 글씨를 쓰고 있어요

불은 환한데

엄마의 칼은 자꾸 빙판 위의 새처럼 미끄러져
겨우 형체를 갖추기 시작한 내 글씨를 파먹고 있어요
눈 어두운 엄마의 칼이 내 글씨를 썰 때마다
나비가 날고 지렁이가 울고
내 손끝도 아팠지만

뭐, 괜찮아요 어차피 엄마가 쥐어준 붓이기에
눈 어두운 엄마의 칼이 자꾸 미끄러져 떡을 썰든 글씨를 썰든 아무 상관없어요
이 붓이 커서
훗날 한 자루 올곧은 칼이 될 테니까요

엄마가 떡을 다 썰 때까지
나는 최대한 천천히 글씨를 쓸 거예요

엄마가 심심해하지 않도록
엄마의 칼이 미안해하지 않도록

춘화를 기다리며

춘화의 손에 끌려 들어간 유류탱크 안은 넓고도 깊었다.
기름 먹은 바닥은 스펀지 같았다.
새로 깔린 모래 위로 잡풀들이 삐져나왔지만
그 어떤 풀도 꽃을 피우진 못했다.
뿌리까지 다 타버린 도깨비바늘들이 퉤퉤,
가시를 뱉어내고 있었다.

춘화의 불경한 손이 바지춤으로 미끄러져 들어왔다.
파랑새가 날아든 것은 처음이었다.
나는 감은 눈을 더욱 질끈 감고
전율과 공포에 몸을 맡긴 채
방석집을 드나들던 친구들의 치기 어린 얼굴을 떠올리
고 있었다.
도깨비바늘 까만 불임의 가시들이 등짝을 찔러댔다.
나는 점점 바닥으로 꺼져 들어갔다.

눈을 뜨자

땀과 눈물로 뒤범벅이 된 육체의 탄식 위에
순결한 무지개가 떠 있었다.
그건 의지할 곳 없는 영혼이 내뿜는
슬픈 진혼곡이었다.

아아, 그때 처음 알았다.
춘화의 울부짖음 속엔 많은 것이 숨겨져 있다는 것을,
춘화의 눈물방울 속에는
무지개가 산다는 것을.

오리가 반성하는 시간

물 밖으로 우르르 몰려나온 오리들은
저희들이 시끄러운 줄 모른다
그래서 늘 쫓겨 다닌다
왜 쫓기는지 대가리들은 관심도 없고
뒤치다꺼리하기 바쁜 궁둥이들만
똥줄이 탄다

염소 뿔에 받힌 오리가
제 주둥이를 깃털 속에 묻고 잠든 저녁

너덜너덜해진 꽁지깃 속으로 보이는 검붉은 살점
오오, 항문이 숨을 쉰다
괄약근이 눈을 뜬다

할 말이 있다는 듯
아직 더 조여야 할 것이 남았다는 듯
입을 오므렸다 편다

오오, 똥줄이 길다
깊다

연민

현관 도어록 속에
누가 새를 가둬놓았을까

잡아먹을 것도 아닌데
놀라게 할 마음 따윈 더욱 없는데
자꾸 새가 운다

만지면 만질수록
소스라쳐 울기만 하는
가엾은 새여,

우리 아직 포기하지 말자!

도어록을 부수고
새를 꺼낸다

선물

누군가 오래된 모자를 선물로 보내왔다
챙이 없는 벙거지 모자였다
머리를 묻기에 적당히 좋을 만큼
예쁜 무덤이었다

묻을까 말까
한참을 고민하다
그냥 머리를 묻기로 했다

빈 무덤이
따뜻했다

한겨울을 무사히 났다

사이

나와 당신 사이에도
꽃이 피고 별똥별 지던 밤들이 있었지

순결한 꽃잎에 편지를 써 날려도
도저히 닿을 수 없는 그 사이
곁을 훔쳐보는 그 사이

누가 꽃의 입을 닫게 했는가
누가 별똥별을 꺼뜨렸는가

나와 당신 사이
함부로 읽을 수 없는 등짝의 이력(履歷)만
밤새 애타게 등한시하는 사이

맨발의 입술만이
저 사이를 다 건널 수 있으리라

제2부

탈모

살아생전 유난히 꽃을 좋아하시던 어머님이 하늘 정원에 꽃나무를 심으시나 보다

자꾸
내 머리카락을 뽑아 가신다

종이의 말씀

가벼운 무릎 위에 올려져 있는
종이 한 장의 처세가
웅숭깊다

승객들 무릎과 무릎 사이를 옮겨 다니는
종이 한 장의 표정을
더듬더듬 읽는다
공복에 기댄 탓인가, 공손한 글자들이 자꾸
시선 바깥으로 떨어져 나간다

종이의 말씀을 새겨들을 줄 알아야
좋은 시인이라고
어머니 살아생전에 목구멍에 침이 돋도록
말씀하셨는데

더듬더듬, 띄엄띄엄 읽어 나가는 동안에도
종이의 공손함은 변함이 없다

손가락 없는 손이, 고개 숙인 노파의 손이
죄 많은 무릎에 닿을 무렵
자세를 고쳐 앉아
무릎과 무릎이 벌어지지 않게
종이를 떠받들고
나는

웅숭깊은 나무를 품은
연필 한 자루를 공손히 받아 들었다

달팽이의 슬픔

눈물에 기대 잠드는 날들이 많아졌다.
지구의 중심을 짊어지고도
마음대로 할 수 있는 일이 없다는 것이
슬펐다. 낙엽 더미 속에 깃들면
잠시나마 따뜻해질까.

도마뱀이 되고 싶었지만
나를 위해 기꺼이 희생해줄 꼬리가 없었고,
내 몸은 너무 무거웠다.
등에 맺힌 땀방울을 닦아내는 일조차
내겐 고역이었다.

거추장스러운 껍질을 벗어버리기 위해
몸속에 불씨를 품고 살아야 했다.
그 불씨가 꺼지면,
뼈 한 점 남기지 않고
완전한 연소체가 되고 싶었다.

형체로부터 멀어지기 위해
그림자를 지우며 살아야 했다, 그것이
슬펐다.

다리 밑에 대한 명상

어릴 적
부모님을 닮은 구석이 없다고 형제들에게 놀림을 받을 때마다
내가 뭐 다리 밑이 낳은 자식인가
구석을 닮게, 하면서도
혹시라도 내가 모르는 내가 있을지도 모른다는 생각에
물소리마저 어두워지는 다리 밑을
몰래 기웃거리곤 했다

떡대가 넘쳐나던 팔 남매 중
유독 나만 눈이 어두워 안경을 쓰고, 유독 나만 입이 짧고, 유독 나만 잔병치레가 잦고, 유독 나만 소심해서
혼자 노는 날이 많았다

대대로 무인(武人)을 배출하던 집안에서
희한하게 문인(文人)이 나왔다고 다들 기뻐하면서도
한편으론 못마땅해 하는 기색이었다

그렇다고 다리 밑을 거꾸로 뒤집어 보일 수도 없는 노릇이어서
나는 그냥
다리 밑이 낳은 사생아를
착한 엄마가 입양해서 키워주셨거니 생각하기로 했다

어느새 나도 불혹을 훌쩍 넘긴 나이가 되었을 때
내 몸에 이상한 조짐이 보이기 시작했다
아무도 계승하지 못한 아버지의 훤한 이마가
내 이마에 앉기 시작한 것이었다
그런 나를 보고
다리 밑의 기적이라고 킥킥거리는 형제들 틈에서
나는 비로소
다리 밑에 대한 서글픈 그리움을 접을 수 있었다

감염

바람은 아파서 부는 것이라고
저 헐벗은 목련나무도 아파서 목련꽃이 핀다고
엄마가 아파서 내가 아프다고

뜬눈으로 밤을 새우고 아침 이슬에 발을 적신다
마음마저 젖는다
함께, 아프지 못해서 더욱, 미안한 몸으로
병원 잔디밭을 걷는다

잔디밭 끝 우거진 나무들 사이로 희미하게 영안실이 보인다

저긴, 울음 공장이야!

병원의 나무들이 죄다 말라 있는 건
슬픔에 감염됐기 때문이라고
너무 울어서 속이 다 비었기 때문이라고

정말 그러니, 새야?

가만히 들어보니
나무에 앉아 우는 새들도 목이 다 쉬었다
허공에 하얗게 떠 있는 잎사귀들
새들의 눈물이 발라져 있는 잎사귀 물결들
반짝거린다

낙관(落款)

평생 전업 화가로 혼자 늙다가
그림이 자꾸 산으로 간다며
차비를 얻어가곤 하던 선배가
끝내 낙향을 했다.
감 농사를 짓는다고 했다.

詩가 자꾸 산으로 가던 어느 날
택배 상자를 받아 뜯어보니
전직 전업 화가였던 선배가 보낸
악양 대봉감이었다.

서리를 맞았는지
어리숙한 손길에 짓물렀는지
쭈글쭈글,
폭삭 주저앉은 홍시를 들고
잠시 먹먹해지다가
껍질에 찍혀 있는 희미한 지문을 보았다.

지금까지 보았던 그 어떤 낙관보다
화려하고 빛나는 낙관이었다.

폭삭 주저앉아
저녁 내내 껍질째 홍시를 먹었다.

입속에 세운 뿔

무소의 뿔에 대해 곰곰 생각하다가
도깨비 뿔에 얽힌 해학에 대해 생각하다가
뜬금없이 발기하는 내 하초가 뿔이라는 생각에 이르러
혼자 얼굴 붉혀 키득대다가
문득
앞산도 뿔이요, 뒷산도 뿔이요
그 숲 속에 사는 나무들도 뿔이라는 생각을 하다가
집 앞 십자가도 뿔이라는 생각을 하다가
지상의 모든 사람도 뿔이라는 생각에 이르러
사뭇 진지해질 때
참으로 오묘하게, 시끌벅적하게
시장통을 빠져나가는 순댓국집 욕쟁이 할머니를 보았다
등은 비록 굽었지만
뿔은 비록 굽었지만
아홉 자식을 낳는 동안, 뿔이 뿔을 낳는 동안
그 뜨거웠던 통증도 다 굽어버렸지만
입속에 우뚝 세운 뿔로

그 걸쭉한 욕의 뿔로 시장 바닥을 이리저리 치받으며
한 生을 거뜬히 건너온
순댓국집 할머니의 위풍당당을 보면서
무소의 뿔은 죽어서도 외롭지만은 않을 거라고
뿔은 결코 몰락하지 않을 거라고
되도 않는 개뿔 같은 생각을 정리하다가
에라, 이 썩을 놈아
내 입속에도 뿔을 세워보는 한낮

전언

어머니가 애지중지 업어 키우던 애기단풍님을
집으로 모셔 왔다 49재 날이었다
멀미를 하셨는지 낯가림을 하시는지
아님 전해야 할 어려운 말씀이 있으신지
곱디곱던 단풍잎들의 안색이
어두워 보였다

짠하고 안쓰러운 마음에 화분을 보니
물이 스며들 틈조차 없을 정도로
흙들이 꾹꾹 다져져 있다
어른이라는 허울 속에 숨어 있던 슬픔이
울컥, 치밀어 올랐다

병상에 이불 갈아드리듯
흙을 파내고 분갈이를 한다
굵은 모래와 깻묵을 섞고
거름흙에 햇볕 한 줌 꺾어 넣고

막내아들의 따뜻한 눈물까지 쟁여 넣고서
더 이상 마르지 마시라고
흠뻑 물을 주고 볕 좋은 베란다에 정중히 모셨다

다음 날 아침
문안 여쭙듯 애기단풍님께 물을 뿌려주는데
화분에서 무언가 반짝이는 것이 보였다
칠순 생신날 내가 끼워드린
어머니의 잃어버린 실반지였다

딸꾹질의 사이학

서울에서 방 한 칸의 위대함을 확인이라도 시켜주려는 듯
월세 계약서를 앞에 놓고 주인은 거듭 다짐을 받는다
너무 시끄럽게 하면…… 딸꾹! 전기세는…… 딸꾹!
사나운 사냥개 어르고 달래듯
물 한 컵 단숨에 들이마시고 또 딸꾹!
숨을 한껏 빨아들인 주인의 입이 잠시 침묵하는 사이
불룩해진 아랫배가 딸꾹, 유세를 떤다
근엄한 입에서 딸꾹질이 한번 포효를 할 때마다
달동네 방 한 칸이 자꾸 산으로 올라간다
딸꾹질이 맹위를 떨칠수록 주인의 다짐도 조금씩 수위를 높여간다
서둘러 도장을 찍고 싶은 마음이
딸꾹질의 훈시에 맞춰 연신 고개를 끄덕인다
서울 쓰고 딸꾹! 서대문구 쓰고 딸꾹! 번지 쓰고 딸꾹!
사내가 주인인지 딸꾹질이 주인인지
계약서 한 장 작성하는 데 한 시간이 딸꾹,
여차하면 어렵게 찍은 도장마저 딸꾹질이 업어 갈 판인

데 또 딸꾹,
  딸꾹질의 폭력 앞에서 나만 점점 왜소해진다
  아직 주지시키지 못한 다짐이라도 남아 있는 듯
  딸꾹질의 머리를 쓰다듬으며
  주인은 천천히 계약서를 훑어보고 있다
  보증금을 건네는 손이 나도 모르게 딸꾹질을 한다

손바닥을 위한 찬가

21세기 하나님은 힘찬 손뼉 소리와 함께 오시는가
벌겋게 달아오른 손바닥들이 모여 앉아
공중 부양을 하고 있다
두 손 가득 담아온 염원들을 부려놓으며
손바닥이 손바닥을 만나
차디찬 방석이 들썩거리도록
한낮이 한낮이도록 뜨겁게 달군다
아무런 거리낌도 없이
손뼉 한 번 치고 눈물 한 번 찍고
손뼉 한 번 치고 찬송가 한 구절 부르고
손뼉 한 번 치고 절 한 번 하고
한낮이 한밤이 되도록 손뼉을 친다
저 힘찬 손바닥의 함성이라면
아마 하나님도 내려오지 않곤 못 배길 것 같다
지금 하나님이 해야 할 일은
손뼉의 탄식을 온전히 들어주는 일
긍휼(矜恤)의 눈물로

탄식을 탄성으로 만들어주는 일
당신이 내려보낸 새보다 먼저
저 손바닥 속에 들어가
따뜻한 둥지를 틀어준다면
하릴없이 허공만 쳐대던 내 손바닥도
은혜에 눈을 뜰 텐데
그러면 안 될까요? 하나님!

민달팽이

태어나면서부터 온몸이 맨발인 몸이었네
꿈조차 가질 수 없는 생
앞날을 예견할 겨를도 없이
보호색을 찾아야 했네

다리가 너무 많아서 바쁜 나날들의 연속이었네
여러 번의 변신이 필요했지만
짐짝에 불과한 몸뚱어리를 끌고
허리를 펼 수는 없었네
아무도 봐주지 않는 바닥을 뒤집어쓴 채
죽은 듯이 읊조리는 일들이 많아졌네
그런 날은 어쩔 수 없이 눈물과 타협해야만 했네

다리가 너무 많아서 바쁜,
누구도 대신할 수 없는 방황이었네
길고 긴 연체의 항해는
오직 맨발만으로

한 생애를 기록해야 끝날 일이었네

어느 벌거숭이 현자(賢者)의 슬픈 비망록처럼

꽃이 부끄러워할 때

보풀 같은 숨소리가
뚝,
뚝,
끊어집니다

어머니는 자꾸 종이 기저귀를 뜯어냅니다
마른 지푸라기 같은 손으로 기저귀에 묻은 똥꽃을 쓸어냅니다
기저귀를 들춰낼 때마다
열일곱 살 섬 처녀가, 서른 살 종갓집 맏며느리가, 여든 살 새색시가 붉게 물들어갑니다
기어이 울음보가 터집니다
꺼이꺼이, 스스로 꽃 속에 갇혀 웁니다

꽃이 부끄러워할 땐
다 큰 아들도 외간 남자입니다

처절한 풍경

새끼를 낳은 누렁개가 대문 앞을 어슬렁거린다.
오지 않는 인기척을 기다린다.
여섯 마리 새끼들. 어미 그림자 속에 숨어 젖꼭지를 빤다. 말라붙은 젖꼭지를 물어뜯는다.
입안에 고이는 통증. 침이 되어 흐른다.
어미는 자꾸 엎어져 있는 빈 밥그릇에 눈길이 간다.
목에 걸린 줄을, 어미가, 원망스럽게 쳐다본다.

비망

멧새 한 마리
이끼 낀 쓰러진 백비에 앉아
돌을 쪼고 있다

죽어서조차 잊혀야 할
이름 따윈 없다!

부리가 다 닳도록
정(釘)을 치고 있다

아주 어여쁜 걱정

눈길에 꼬꾸라진 일곱 살 가영이가
겨우 몸을 일으켜 옷을 털다가
시무룩한 표정으로 하늘을 올려다보더니
입가에 묻은 피를 소매로 닦아내곤
아무 일 없다는 듯
버스 정류장을 향해 절룩거리며 뛰어갑니다
복지관에 간 지적 장애인 엄마가 돌아올 시간인데
엄마의 보행기가 되어줘야 하는데
다발로 쏟아붓는 함박눈이
자꾸 가영이의 발목을 붙잡고 늘어집니다
눈송이만 한 눈망울에
걱정이 그렁그렁 맺혔습니다

저우리마을*에 가서

河回와 花川 사이
저울처럼 생긴 저우리마을에 가면
강물이 물안개를 업고 와
텅 빈 교정을 지키는 학교가 있는데요
그 교문에 들어서면
까마중도 선생 노릇을 하구요
수백 년 묵은 노송이 유교를 가르치고
왜가리가 예의범절을 가르치는데요
사람을 우러러 하늘 天
풀꽃을 우러러 땅 地
사군자보다 더 푸르른 갈대들이
가슴 풀고 앉아 시를 읊구요
소풍 온 철새들이
지상에서의 즐거운 한때를 보낼 때
평생 늙지 않는 소녀像이
졸업도 안 하고
동화책을 읽어주는데요

그 소리가 어찌나 간드러졌으면
병산(屛山)의 선비들도 몰려와
귀를 열고 경청한답니다

---

* 경북 안동시 풍천면 광덕리에 위치한 전통 테마 마을.

밑줄 긋는 사내

탑골공원 담장 귀퉁이에 기대어 앉아
성경책을 읽던 사내가
자신이 깔고 앉았던 신문 기사를 보고
자세를 고쳐 앉는다

— 신용불량자 구제대책 발표
720만 명 혜택 볼 듯……

어디다 밑줄을 그을까?

안경을 올렸다 내렸다
한참을 들여다본다

너무 멀리 와버렸다,
구원은 너무 멀리 있다

사인펜을 쥔 손에 자꾸 힘이 들어간다

손바닥에 눌러쓴 글씨가
손금을 먹는다

겨울 강

얼음 거울 위에 앉아
겨울새들은 자꾸 무엇을 파는가

부리가 닳는 줄도 모르고
거울 속에 박힌
제 날개를 꺼내려 함인가

바닥에 가라앉은 그림자를 깨우기 위해
연신 얼음을 친다
정(釘)을 친다

쩡쩡
거울이 운다, 물이 운다

새들의 그림자를 안고 괴로워하는
겨울 강

벌초

풀은 형이 베고
눈물은 막내가 벤다

늦둥이의 눈물이
풀을 적신다
슬픔은 잘 베어지지 않는다

무덤 속 어머니가
막내의 눈물을 받아 업는다
눈물의 등이 푸르다

눈물은 눈물을 베지 않는다

촛불

소녀의 푸른 눈썹 위에 곤두선 저 촛불을
뿔이라고 불러도 되나

새들의 작고 미약한 날갯짓에도
황급히 달이 기울 때
광장에 흐르는 저 아름다운 빛들의 펄럭임을
촛불의 一生이라고 여겨도 되나

밤하늘 물들이는 소녀들의 웃음소리가
물거품처럼 허공을 맴돌 때
가만히 조심스럽게
촛농 같은 꽃들의 흐느낌이라고 하면
슬픈 서광이라고 하면

배후도 없이 타오르는 무모한 一生 앞에서
깨금발로 서성이는 조바심이여
마음속에 뒹구는 마음이여

저 기약 없는 빛의 고깔을
물결 위에 솟은
거룩한 뿔이라고 불러도 되나

악어의 눈물

광화문역 6번 출구 앞에 스크럼을 짠 전경들이 정렬해 있다
방패와 방패로 엮인 사슬, 빈틈이라곤 없다
잘 축조된 성벽 같다

얼굴은 투구에 내어주고 하체는 방패에 내어주고
생각은 명령에 내어준 채
두 팔을 늘어뜨리고
앞사람의 뒤통수만 후벼 파고 있다

전투화 속 무좀과 싸우며
전투복 속 땀띠와 싸우며

정오의 태양이
아스팔트 바닥으로 꺼져 들어갈 때까지
정렬 속에 정열을 개켜 넣은 채
물끄러미 줄을 서 있다

꼭지가 돈다 울화통이 치민다
하품만 쏟아진다

한낮의 유령처럼 파고드는 졸음!

하품에 잡아먹힌 눈동자의 눈물은 금세 마른다
투구 속에 이글거리던 눈동자는
평생, 눈물을 기억하지 못한다

고맙구나, 새야

전깃줄에 앉은 새들의 수다가 한창입니다
새들의 말은 언제나 보풀보풀합니다
입이 가벼워서 새는 행복합니다
그래서 봄은, 새들의 수다에서 먼저 시작되나 봅니다
전깃줄 위에도 꽃이 피려는지
전신주 끝까지 파랗게 봄바람이 출렁입니다
새들의 수다가 극에 달할 때
이 세상의 봄도 더 한층 가까워지겠지요
내 가벼운 입방정에 상한 마음들
봄바람에 꽃무늬 새길 수 있겠지요
속을 비운 가벼운 새들이 더 멀리 그리고
높고 푸른 하늘을 날 때
새들의 노랫소리는 千里를 갑니다
저 높고 푸른 하늘에 슬며시 눈을 맞춰보다가
봄볕 한 가닥을 꺾어
새들의 수다를 온몸으로 받아 적어봅니다
고맙구나, 새야!

죽도록 아름다운 풍경

가천 마을 다랑이논에 기우뚱 해가 저문다
쟁기를 끄는 노파와 뒤에서 쟁기를 미는 노인의 간격 사이로 떨어지는 해거름을 업고
짧은 그림자가 긴 그림자를 업고
첩첩 논바닥을 긴다
이랴, 이랴,
허연 콧김을 내뿜으며 두 발이 네 발인 듯 해거름에 끌려가는
저기, 저, 사람소를 보아라
하루하루가 서러운 늙어빠진 몸뚱어리에
고삐마저 움켜쥔
저기, 저, 곡진한 生을 어이할 거나
민들레야, 민들레야
웃지 마라, 함부로 웃지 마라,
쟁기에 눌린 땀방울 위로 떨어지는 저 찬란한 해거름 앞에

부석사

귀가 깨진 석불이, 천년을
한자리에 서서 들녘을 바라보던 석불이, 자신을 한낱
돌덩이라 여기던 석불이, 어느 날 문득
연못에 비친 제 모습을 보고
너무 놀라 그만,
딸꾹질을 하고 말았답니다.

귀 없는 사람 하나가
연못 속에 가부좌를 틀고 앉아
천년을 하루같이
온몸이 귀가 되어
들녘의 울음소리를 듣고 있었더랍니다.

자신이 본,
이 세상 가장 아름다운 사람이더랍니다.

습작

잠에서 깬 뒤
머릿속에 이슬방울이 굴러다닌다
이걸 어떻게 옮겨야 할까
어깨에 잔뜩 힘부터 들어간다
파랑새의 눈물이라고 썼다가 지우고
뱀의 눈물이라고 썼다가 지우고
머리를 쥐어짠다
이슬방울을 쥐어짠다
얼굴 없는 문장의 침묵을 깨우기 위해
겸허하게 마음을 읽는다
늙은 농부의 땀이라고 썼다가 지우고
대지의 샘이라고 썼다가 지우고
흙탕물만 나온다
머릿속이
점점 하얗게 비워져간다
제기랄! 이슬방울이 아니라
돌멩이였나 보다

출근길

목적지가 생겼다는 것만으로도 행복한 날이 있다.

그런 날은 들뜬 가방이 한눈을 팔지 않도록 주의를 기울여야 한다.
진창에 빠져 살던 구두가 속도에 익숙해질 때까지
옆 사람의 친절을 믿어선 안 된다.
공짜는 게으른 사람들이나 선호하는 것.
목적지가 분명한 사람이 취할 바는 못 된다.

하루라는 긴 상자의 내용물이 궁금하다면
잠시 그 안을 들여다보는 것도 좋다.
단, 너무 깊이 빠지지는 말 것.
상자란 누군가를 끊임없이 들이고 싶어 하는 성질이 있으므로
조심스럽게 다뤄야 한다.

지하철 안에서 유일하게 분주한 저 노인은

점점 무가지 신문을 닮아간다.
신문을 수거하면 할수록 하루와 멀어진다.
그렇게 남아 있는 청춘을 다 허비해버리고 나면
눈치라도 빨라야 하겠지만.

저마다 다른 목적지를 향해 뿔뿔이 흩어지는 얼굴들. 아침 밥상에서 흘린 밥알들처럼.

거짓말의 진화

어제는 어색한 표정 뒤에 숨었고
오늘은 과장된 표정 뒤에 숨었다

당신의 거짓말은 매일매일 자란다
눈치를 파먹으며 무럭무럭 자란다
거짓말이 당신을 다 먹어치울 때까지
오직 당신만이 즐겁다

어제는 분명 가엾은 연어였는데 (그런 당신이 좋았는데)
오늘은 혹등고래가 되어 나타났다 (거기까진 괜찮아)
어쩌면 나는 내일 붕새를 보게 될지도 모른다 (오, 제발!)

거짓말이 진화하는 세계를
당신만 보지 못한다

거짓말을 애용하는 만큼
당신은 첫 얼굴을 기억하지 못할 것이다

마지막 얼굴이 당신을 놓아주지 않을 것이다

입 밖으로 방출한 그 검은 말들을 옹호하려 애쓰는
당신의 혀가 너무 가여워서
나는 그냥 미소로써 동조를 표한다

성산포

물동이 지고
돌담길 돌아가는 아낙의 뒤를
물방울이 따라붙는다
반바지 말아 올린 純白의 허벅지에
유채꽃잎이 묻어 있다

— 아즈방, 허벅지에 꽃 피었소!

눈 흘기는
아즈방* 두 볼에
배시시
부끄러운 꽃물이
든다

---

* 아줌마의 제주도 방언.

해설

처연의 미와 연민의 시학

김경복 문학평론가, 경남대 교수

　어떤 한 편의 시를 만나 그 아름다움에 빠져들다 보면 그 시가 펼치는 세계가 놀랍다 못해 기이하게 느껴져 하루를, 아니 여러 나날을 꿈속이나 도원경을 헤매는 것처럼 몽롱하게 보낼 때가 있다.
　그것은 현혹(眩惑)일까, 미망(迷妄)일까? 어려운 한자로밖에 이 상태를 말할 수밖에 없는 내 고루한 마음이 문제로구나. 다시 말해보자. 그것들은 그리움일까, 소망일까? 알 수 없다. 그렇지만 하나 분명한 것은 그러한 나날의 나는 아마 시마(詩魔)에 붙잡혀 있었다고 말하는 것이 적절할 것 같다. 시의 귀신이 달라붙어 시의 아름다움으로 온 영혼과 육체를 지배해버리는 상태. 이때 시마는 시의 아름다움을 이 지상의 최고의 가치로 여기게 하여 우리를 달콤하게 빠져들게 한다. 아편보다 더 강한 자극으로 우리를 꾀어 아련한 세계 속으로 이끄는 것이다. 그 세계로 어찌할 수 없이 빠져들면서 내 존재에 대해 하염없이 쳐다보는 것! 그것은 무기력한 상태에서 슬픈 것 같기도 하고 아픈 것 같기도 하고, 또 한편 저 마음 한 켠에서는 무척 큰 기쁨이 솟아올라 세상의 그 어느 것도 부럽지 않고 두렵지도 않은 것 같은 모호하고 역설적인 마음의 상황. 이런 상태는 나쁜 것일까? 아니다. 그것은 바로 일상의 무미건조함에 대한 하나의 반성이자 일탈의 감정이다. 시가 주는 아름다움의 충격이 일상적 삶에 균열을 내는 행위인 것이다.

그 점에서 시가 주는 아름다움은 독자에게 가서는 다른 의미를 갖는다. 독자 자신의 경험이나 지향과 맞물려 섞여들면서 시는 피가 되고 살이 되어 존재의 본질을 변화시킨다. 새로운 세계를 볼 수 있는 눈을 뜨게 해주는 것이다. 그 새로운 세계의 접면에 영혼의 생살이 닿게 되었을 때 생기는 어질머리가 바로 여러 날을 혼미하게, 그러면서 달콤하게 보내는 까닭이 되는 것이다. 과학적으로 고통과 쾌락의 초기 증상은 그 호르몬의 변화는 같고 그 증상이 비슷하므로 그것이 고통인지 쾌락인지 잘 모르게 된다고 하는데, 바로 이 경우가 거기에 딱 들어맞는 사례라 하지 않을 수 없다. 어떤 한 편의 시가 내게 기쁨인지 고통인지 그 시작은 어질머리로 출발해 여러 날들을 숙고하는 동안 마음의 평정을 주는 기쁨으로 이어지기도 하고 나의 삶을 송두리째 뒤흔드는 고통의 죽비가 되기도 한다. 그런데 그것이 기쁨이든 고통이든 일상 속의 무미건조한 나를 흔들어 깨우고 있다는 점에서 즐거운 고통이다. 좋은 시는 나의 존재성을 뒤흔들어 각성케 하는 회초리 같은 것이다.

이번 고영 시인의 세 번째 시집을 읽어가는 동안 여러 편의 시가 그러한 작용을 하고 있었지만 유독 한 편의 시가 나에게 그런 작용을 강하게 하고 있음을 보게 된다. 보게 하고 또 보게 하고, 또또 보게 할 때마다 나로 하여금 다른 느낌과 생각을 갖게 하여 시의 깊이와 속내를 알 수 없게 한다. 이 시 앞에서 나는 괜히 처량해지고 또 어떤 때는 숙연해지고, 또 어떤 때는 담담해지고, 또 어떤 때는 깊은 기쁨을 느낀다. 그렇게 자꾸 내 눈길을 잡아끄는 이 시는 말로 다 설명할 수 없는 매력을 지니고 있다. 천변만화의 감정을 불러내는 그 시는 이렇다.

뱀이 쓸쓸히 기어간 산길
저녁을 혼자 걸었다

네가 구부러뜨리고 떠난 길
뱀 한 마리가
네 뒤를 따라간 길
뱀이 흘린 길

처음과 끝이 같은 길
입구만 있고
출구가 없는 길

너의 상처를 감추기 위해
너의 입속을 걸었다

뱀의 입속을 걸었다
_「뱀의 입속을 걸었다」 전문

다시 생각해보면 다른 독자에게는 나의 경우와 같은 복잡 미묘한 마음의 파동을 주지 않을 수도 있겠다는 느낌도 든다. 나만 이 시에 꽂혀 있는지 모른다. 그것은 나만의 어떤 배경적 체험에 기인해서 그런 생각을 가지게 된 것인지 모른다. 그러나저러나 다시 보아도 이 시는 나를 몽롱한 길 속으로 빨려들게 한다. 그렇다, 미혹(迷惑)! 뱀이 정말 혀를 날름거리며 이브를 꾀었듯이 뱀이 나오는 이 시가 컴컴한 입구를 열어 보여주며 어서 들어와라, 어서 들어와라 나를 유혹하고 있다. 그 길 속에 들어가면 어떻게 되나? 길 속엔 무엇이 있나? 궁금함에 나의 상상력이 막 발동된다.

이 시의 내용을 내 경험적 차원으로 재구성해보면 '어떤 절친한 친구인 네가 산길을 따라 떠나고, 네가 없는 산길을, 마치 뱀이 기어간 것 같은 구불구불한 산길을 혼자 걷게 되는데, 그렇게 걷게 되는 것은 네가 어떤 마음의 상처를 가진 채 떠날 수밖에 없었던 것처럼, 나 또한 이런 저런 상처를 입으며 살기에 쓸쓸히 이렇게 외로운 길을 가게 될 수밖에 없구나'는 정도일 것이다. 산문적 형태로 시의 내용을 바꾸어 보아도 여전히 뭔가 설명되지 않는 부분이 남는다. 이런 해석의 미결정성이 남는 까닭은 네가 누군지, 뱀이 기어간 길은 어떤 길인지, 그리고 너의 상처가 무엇인지, 뱀의 입속을 걷는다는 것이 무엇을 말함인지 등 모호하고 아련한 표현들이 많아 신비한 여운이 생기기 때문이다. 이 시의 해석은 결국 각자 자기의 삶에 따라 다양한 관점으로 볼 수밖에 없다. 자신의 체험에 따라 각기 다른 길과 다른 뱀의 모습들을 구성해볼 수밖에 없는 것이다.

내 생각과 연관해 다시 이 시를 살펴보면, 우선 이 시의 주제는 삶의 쓸쓸함에 대해 말하고 있는 것 같다. 삶은 혼자서 구불구불한 길을 걷는 것과 같다는 것이다. 길이 구불구불하게 되는 까닭은 시적 정보나 정서로 볼 때 혼자 외롭게 걷기 때문이다. 시적 화자에게 그 길은 천대 받는 '뱀'의 길 같다. 뱀의 길이기에 어둡고 가파르고, 그러면서 순환의 길이어서 시작은 있으되 끝이 없다. 끝이 없으니 터널처럼 캄캄하고, 그 속을 알 수 없으니 무한하게 뒤틀려 있다. 뒤틀려 있으니 길도 구부러져 있고, 길이 구부러져 있기 때문에 삶도 구부러져 상처투성이다. 헛되이 힘만 쓰는 도로(徒勞)의 삶, 시는 생의 무상함을 비릿하게 풍기고 있다. 이 모든 이미지를 시인은 '뱀' 또는 '뱀의 길'로 구체화시키고 있는 것이다.

독자로서 이 시를 읽은 첫 느낌은 생의 처연함이다. 어떤 상처가 시적 화자에게 본질로 주어져 있다는 생각이 드는 것이다. 시인은 생 자체가 슬프고 쓸쓸하기 짝이 없는 도로의 짓이라고 말하는 것 같다. 어떤 행위를 해도 결국 도로의 행위에 그쳐버리고 말 것 같은 느낌을 이 시는 주고 있는 것이다. 때문에 "네가 구부러뜨리고 떠난 길"에서 어떤 그리운 상대가 의지적으로 길을 구부러뜨리고 있다는 표현도 역설적으로 존재의 어찌할 수 없음을 그렇게 표현한 것으로 보인다. 세상에 내던져진 피투적(被投的) 존재인 인간은 자신의 의지적이고 자발적인 행위도 사실 따지고 보면 숙명적 몸부림에 불과한 것이기에 피동적 행위, 즉 마지못해 하는 짓거리와 다름없다. 때문에 길을 구부러뜨린다는 것은 세상의 힘에 의해 존재가 구부러진다는 것을 의미한다. 길을 구부러뜨린다는 것을 상처의 내용과 관련해 해석한다면, 이 내용은 존재의 상처 입음에 대해 말하는 것 같다. 그것은 구부러뜨리는 것이 내면적 상처의 역설적 표출에 해당한다는 말이다. 그런데 세상에 어디 자발적으로 상처받고자 한 존재가 있겠는가? 존재는 세계에 내던져 있음으로 인해 이미 상처 입음이다. 뱀의 길 위에 서 있다는 자체가 이미 상처 입음의 현존재를 뜻하기에 그의 생애는 구부러져 있는 것이다.

대저 시를 쓰는 사람치고 존재의 본질에 골몰하지 않는 사람이 있겠는가? 존재의 본질에 고민하는 순간 시는 처연해진다. 존재 자체는 이미 상처투성이일 터이므로 시인은 존재의 본질을 생각하는 순간, 그 아픔을 대신 울어주어야 하는 천분으로 처연한 감정을 보일 수밖에 없는 것이다. 그의 이번 시집에 실린 대다수의 시가 이런 처연의 정서를 우려내는 것은 바로 존재의 본질에 대한 구체적 체험 내지 성찰과 관련된다. 고영 시인은 나이 쉰 가까이 이르러 삶과 존재의 문제에 깊이 부딪혀 생의 처연함에 대해 이렇게 신비한 문양으로 풀어내고 있다.

쓰라린 후회와 자기 징벌의 유폐

생의 쓸쓸함을 노래하게 된 것은 삶의 과정과 맞물려 있다. 이유 없이 생이 쓸쓸해지는 것은 아니다. 인식의 깊이가 심화되었던지 실생활에서 슬픈 일이 발생해서 그런 생각을 갖게 되었던지, 아니면 이 두 가지가 서로 상승작용하면서 발생하였던지 할 것이다. 고영 시인은 이번 세 번째 시집에서 그런 생각을 하게 된 사연을 일련의 시편으로 보여준다. 시가 마음의 울림이라면 이 시들에서 이번 시집을 물들이는 시인의 마음의 일단을 우리는 보게 될 수 있다. 그 마음의 첫 발단을 보여주는 시 한 편은 이렇다.

> 당신은 어제의 방식으로 웃어달라 했다
> 나는 짐짓 고개를 돌린 채 어제의 웃음을 떠올려보았지만
> 당신과 나와의 요원한 그 거리만큼에서
> 기억은 노선을 헤매고 있었다
>
> 기억에도 정류장이 있다면 얼마나 좋을까
> 아무 때나 타고 내릴 수 있게……

관심 없다는 듯 태양이 내리쬐고 있었다
태양에게 어제의 방식을 묻는 건 신에 대한 모독일 터
결국 나는 오늘의 방식으로 웃어주었다

한낮의 폭염 속에서 새들이 진눈깨비처럼 흩어지고 있었다
새들이 보여주는 공중의 이별은 아름다웠다

당신은 어제의 태양 아래서 웃고
나는 오늘의 태양 아래서 웃고 있었다

당신은 당신의 방식대로 어제를 향해 걸어갔고
나는 언젠가 내 生에서 지워지고 말 하루를 향해 걸어갔다
무서운 계절이 몰려오고 있었다

국경을 넘듯 횡단보도를 건너가는 당신을 향해
나는 나만의 방식으로 웃어주었다

_「태양의 방식」 전문

  이 시의 전면을 물들이고 있는 감정은 '후회'와 그것의 삭임을 통한 '감내'라는 감정일 것이다. 시적 정보는 실존의 의미를 부여해주는 '당신'이라는 존재와 내가 헤어짐으로 인해 갖는 슬픔의 표현이다. "당신은 어제의 태양 아래서 웃고/나는 오늘의 태양 아래서 웃고 있었다"에서처럼 '당신'과 '나'는 '어제'와 '오늘'로 갈려, "당신은 당신의 방식대로 어제를 향해 걸어갔고/나는 언젠가 내 生에서 지워지고 말 하루를 향해 걸어갔다"로 서로 등진 운명으로 남을 수밖에 없음을 예고하고 있다.

운명의 불가피성과 "태양에게 어제의 방식을 묻는 건 신에 대한 모독일 터"에서 환기되는 불가역성을 생의 본질로 동시에 느끼게 해주는 이 시의 표현들은 담담하게, 그리고 담대하게 그 운명의 행로를 바라보는 화자의 정신적 자세를 보여준다. 이 시가 주는 충격은 이별을 맞이하는 자의 그 수용방식이다. 후회라는 내면의 감정이 일어날 만도 할 터인데 그 감정은 억누르고 웃음으로 운명적 헤어짐의 상황을 지켜보고 있다. 그렇다, 지켜봄! 이 시에서 지켜보는 행위는 운명의 장난을 깊이 성찰하겠다는 것인데, 시적 화자도 인간인 만큼 그 상황이 주는 고통에 초연할 수 없어 만남과 이별을 웃음으로 견뎌내고 있는 것으로 표현하고 있다. 그 웃음의 연장선상에 태양이 빛나고 있기나 하는 것처럼 담담하고 묵묵하게 수긍하고 수용하는 것이다. 이는 운명에 체념하며 아픔을 내면으로 삭이는 행동이다. 그 아픔의 내면화가 보는 독자들의 가슴을 더욱 아프게 만든다. 감정의 절제가 독자의 가슴을 뭉클거리게 하는 것이다.

이 시의 정보로만 볼 때 당신과 내가 어떤 이유로 헤어지게 된 것인지는 알 수 없다. 나타난 것은 현재적 상태로서 처해진 상황, 즉 알 수 없는 어떤 문제로 헤어질 수밖에 없는 상황만 제시되어 있다. 시행 속에서 "당신과 나와의 요원한 그 거리"라는 말이 바로 그와 같은 상태를 암시한다. 그렇다면 결코 좁혀질 수 없는 거리를 가진 사랑하는 두 사람은 무엇을 원할까? 아니 사랑하는 사람과 헤어지는 상황을 눈앞에 둔 시적 화자는 어찌하고 싶은 것일까? 그것은 과거로 돌아가고 싶음이 아닐까 싶다. 사랑이라는 이름의 공동체성이 보존되어 있던 때로 돌아가고 싶은 마음이 아닐까 하는 것이다. 그것은 화자가 "기억에도 정류장이 있다면 얼마나 좋을까/아무 때나 타고 내릴 수 있게……"라면서 과거에 대한 안타까움과 후회의 감정을 내비치는 데서 역력히 드러난다.

따라서 이 시의 바탕에 깔려 있는 감정은 쓰라린 후회다. 그 후회의 현실적 의미는 "당신은 어제의 태양 아래서 웃고" 있으므로 나의 과거에만 존재하고, 따라서 당신이 없는 나의 미래는 "언젠가 내 生에서 지워지고 말 하루"로 의미 없기에 "무서운 계절"로 나타난다. 즉 앞으로의 삶은 무의미하게 흘러 고통으로 가득 차게 될 것이라는 예감을 보여주는 데서 이 시의 현실적 의미는 발생하고 있는 것이다. 그 점에서 이 시는 과거와 현재의 나에 대한 질책이자 형벌의 의미를 일정 부분 담고 있다.

후회와 자책은 대부분 시간이 지나고 난 뒤 어떤 일을 새롭게 깨닫는 데서 오는 것이다. 그것은 삶의 체험을 좀 더 다층적이고 복합적으로 겪어봤거나, 삶에 대한 인식이 깊어지면서 발생한다. 마치 인류가 낙원을 상실하고 고통을 체험한 뒤 다시 낙원을 그리워하게 되는 양상처럼 말이다. 고영 시인은 이번 시집에서 자신에게 상처가 되고 후회의 내용이 되었던 것이 무엇인지를 다음 시를 통해 어느 정도 구체적으로 밝히고 있다.

> 아무 거리낌 없이
> 강물에 내려앉는 눈발을 맹목적이라고 허공에 쓴다
>
> 아픈 기억들을 불러내어 물 위에 놓아주는 강가
> 무늬도 없는 저녁이 가슴을 친다
> 하류로 떠밀려 간 새들의 귀환을 기다리기엔
> 저 맹목적인 눈발들이 너무 가엾고
> 내겐 불러야 할 간절한 이름들이
> 너무 많다

강물에 내려앉은 눈이 다 녹기 전에
아픈 시선 위에 아픈 시선이 쌓이기 전에
바람이 다 불기 전에
상처가 상처를 낳기 전에

너라는 말
자기라는 말
누구누구의 엄마라는 말
당신이라는 말
미안하다는 말

모두 돌려보내자 원래의 자리로 돌려보내자

속수무책 쏟아지는 저 눈이 녹아
누군가의 눈물이 되기 전에
다시 하늘로 돌려보내자

후회라는 그 길고 슬픈 말을 배우기 전에
_「후회라는 그 길고 슬픈 말」 전문

시의 감상에서 시적 내용의 원인과 결과를 파악하는 것이 이해의 중심은 아니다. 시적 주제를 발생시키고 있는 화자의 태도나 어조, 표현의 묘미, 시적 언술 내용 등을 종합적으로 파악해서 우리는 시의 감상에 나서야 할 것이다. 이 시는 당신과 헤어진 뒤 극도로 삶이 피폐해져 다시 돌아가기를 간절히 바라는 시적 화자의 태도에서 많은 시적 감동을 얻을 수 있다. 우리들의 삶도 무수한 후회와 자책의 시간 앞에 놓여 있는 경우가 많기 때문이다. 그리고 이 시는 앞의 시「태양의 방식」을 더욱 깊게 읽게 하고, 한 존재가 생의 깊이를 알게 되기까지의 마음의 행로가 어떻게 변해가고 어디에 이르러 항복할 수밖에 없게 되는지에 대해 알 수 있게 해주는 점에서 공감의 폭이 넓다. 그렇다, 마음의 항복을 할 수밖에 없는 절실한 상황에 대한 동감! 특히 "무늬도 없는 저녁이 가슴을 친다"의 생생한 슬픔이 우리를 뒤흔들고, "내겐 불러야 할 간절한 이름들이/너무 많다"에서의 절박함은 생의 단순한 슬픔을 넘어 처연함이 갖는 힘과 그로 인한 역설적 아름다움을 느끼게 한다. 시적 화자가 처한 현재적 상태에 대한 이해가 우리로 하여금 시의 아름다움 내지 힘을 느끼게 하고 있는 것이다.

　그렇다면 이 시점에서 드는 의문 하나. 시적 화자가 실제 시인 고영의 분신이고 투사(投射)라면 시인은 대체 얼마나 슬픈 생활을 하고 있었단 말인가! 그렇다고 시인이 실제적 삶도 아닌 것을 일부러 작품의 감동을 위해 가장하여 만든 것이라고 보기에는 내용의 일관성과 구체성이 너무도 분명해 보인다는 점에서 허구적인 것으로 보기에도 어렵다. 시인이 겪고 있는 생의 슬픔이 구체적이면서 감각적으로 시집 전체를 물들이고 있다는 점에서 이 시집은 고통의 비망록이다. 그것을 지켜보는 독자도 조금 고통스러울 것 또한 분명하다. 슬픔과 고통은 시인의 현실적 삶에서는 상처이지만 시적 언술로 승화되었을 땐 역설적 아름다움이 되는 법이다. 흔히 말하는 '심금(心琴)'을 울리는 파동이 되기 때문이다. 다음 시는 바로 그와 같은 마음의 현을 울려주는 고통의 역설적 승화이지 않을까.

　　　오지 않을 줄 알면서도 나는 기척을 열고

무작정 기다린다.

훔쳐볼 수 없는 경외(敬畏)의 순간들. 벽에선 꽃이 피지 않는다는 걸 알지만.

그럴수록 끈기가 필요하다.

꽃피는 겨울이 오면.

벽은 언젠가 집이 된다. 그날이 올 때까지 내 손은 얼마나 더 흉흉해져야 할까.

당신을 만질 수 없다는 게 내겐 상처가 되었다.

_「패」 부분

위의 시에서 발견하게 되는 것은 후회와 자책을 통해 갖게 되는 고통의 생생한 풍경들이다. 그 풍경이 매우 아름답다 못해 신비로워 보이기까지 한 점은 고영 시인의 시적 표현이 남다르다는 것으로 봐야 할 것 같다. 우선 「패」에서 시적 화자가 "오지 않을 줄 알면서도 나는 기척을 열고/무작정 기다린다."라고 표현한 의미에 대해 이전 시를 본 우리는 알 수 있을 것이다. 자신에게 잘못이 있다고 생각하는 존재는 적극적으로 나서기 힘들다. 용서를 구한다는 행위 자체가 어찌 보면 잘못을 잘못으로 생각하지 않고 주제넘게 대상을 다시 내 마음대로 한다는 의미가 있으므로, 자신의 잘못에 대해 섬세하게 생각하는 사람은 용서는 상대방이 하기까지 "무작정 기다려"줘야 한다고 생각할 것이다. 때문에 이 시의 화자는 앞의 시들에서 보았던 것처럼 자신의 잘못을 반성하고 처벌하는 차원에서 기다리기만 해야 한다고 말하고 있다. 그렇지만 혼자 언제 올지 모르는 상대방을 기다리는 것은 고통스럽다. "그날이 올 때까지 내 손은 얼마나 더 흉흉해져야 할까."하고 중얼거리는 시적 화자의 태도에 대해 우리는 공감을 넘어 연민의 감정을 갖고 바라볼 수밖에 없다. 시인은 고통의 당사자들이 가질 만한 감정의 상태를 섬세하게 표현함으로써 공감과 연민의 효과를 자연스럽게 발생시키고 있는 것이다.

특히 시적 표현에서 단순히 기다리는 것이 아니라 "기척을 열고"라는 낯선 언어적 결합을 보여줌으로써 기다림의 의미를 여러 차원에서 생각게끔 하고 있다. 기다리는 상황에서 실제 기척은 찾아오는 사람에 의해 발생할 것이다. 그러나 시적 화자는 그 기척을 기다리는 사람이 내는 것으로 비틂으로써 찾아올 사람이 반드시 찾아오기를 간절히 바라는 마음을 드러내고 있다. 즉 '기척'이 찾아오기를 바라는 내 마음이라면 그것을 찾아오는 사람에게서 나에게로 감정이입하여 옮겨 넣음으로써―그것은 곧 나의 감정을 상대방에게 옮기는 것이기도 할 터이다―기다림의 절실함과 그 기다림이 갖는 힘의 깊이를 역설적으로 드러내고 있는 것이다. 이는 놀라운 표현이다. 내 마음의 깊이와 힘을 세계와 교감되게 하는 기법이기 때문이다. 또한 "훔쳐볼 수 없는 경외(敬畏)의 순간들"이란 표현도 의미심장해 보인다. 이 표현은 기다림이 끝나는 순간이 끝내 온다고 본다면 그 순간이 이루어지기까지를 이르는 말일 것이다. 그런데 왜 그것이 '경외의 순간'이 되는가? 이 표현 안에 시인의 기다림에 대한 철학이 들어 있는 것 같다. 즉 기다림을 완성시키는 것은 용서해줄 사람이 용서해야겠다고 마음의 결단을 내리는 순간 이루어질 것이다. 용서에 대한 마음의 결단은 많은 번민의 시간을 거친 뒤에야 가능하다. 용서받을 사람은 마땅히 용서받기까지의 시간을 고통스럽게 보내야 하겠지만, 용서할 사람도 용서할 수 있는 마음의 폭을 갖추기까지 뼈아픈 자기 성찰의 시간을 보내야 할 것이다. 그 성찰의 시간은 두 사람의 삶에서 가장 밀도 있게 두 사람과 관련된 삶 전체를 숙고하고, 가장 진정성 있는 것이 무엇인지를 판단하는 시간이기에 운명적 순간이라고 부를 만하다. 그 운명적 순간은 용서받아야 할 시적 화자에게 우주적 차원에서 오는 것처럼 너무 중요하고 거대한 의미를 띠고 있기에, 감히 훔쳐볼 생각도 못하고 그저 두려운 마음으로 처분을 기다리는 순간이 되는 것이다. "경외의 순간"은 시인이 발견한 이 지상의 가장 가치 있는 삶의 태도다. 때문에 이러한 태도는 시적 화자의 입장에서 볼 때 용서를 통한 기다림이 끝나는 것, 즉 당신에 의한 구원이 삶의 가치를 다시 되찾는 길이 될 것이라는 의미를 내포하고 있다.

  그 점에서 다음과 같은 역설적 표현도 시적 화자의 마음 상태로 볼 때 충분히 이해된다. 즉 "꽃피는 겨울이 오면./벽은 언젠가 집이 된다."는 바로 용서로 인한 구원의 순간을 표현한 것임을 우리는 알 수 있다. 일반적 의미에서 겨울에는 꽃이 피지 않는다. 그런데 그 겨울에 꽃이 핀다는 것은 거의 불가능한 상황이 이루어짐을 암시하는 것이다. 즉 당신이 나를 용서해줌은 마치 '꽃피는 겨울'이 됨과 같은 것이란 의미다. 그 점은 '벽이 집이 되는 것'도 마찬가지다. 불가능하고 역설적인 이러한 표현은 나의 잘못에 대한 당신의 용서가 얼마나 어렵고 절대적인가를 드러내는 것이라 할 수 있다. 때문에 그 거대한 용서가 주어지는 "그날"이 나에게 와서 나의 삶과 나의 "상처"를 구원해준다면 더 이상 바랄 게 없다는 것이 이 시의 요체다.

  그러나 시적 화자가 바라는 '그날'은 쉬이 오지 않으리라는 것은 우리도 알고 시적 화자도 알고 있다. 인류의 역사 속에서도 의미가 완성되는 '그날'은 늘 지연되기 마련이다. 그래서 '그날'은 함부로 올 수 없다. '그날'이 도래했다 하면 이제 인간의 삶이 아닐 가능성이 높기 때문이다. 인간은 불완전하고 상처 입으며 살아가는 것이 보다 인간답다고 말

할 수 있으므로, '그날'이 오기까지 이 지상에 살아가는 모습이 더 공감을 불러일으킨다. 다음 시가 바로 그런 경우가 아닐까. 시인이 그리고 있는 시적 화자가 '그날'을 맞는 모습은 매우 특이하다.

> 조금 더 착한 새가 되기 위해서 스스로 창을 닫았다.
> 어둠을 뒤집어쓴 채 생애라는 낯선 말을 되새김질하며 살았다.
> 생각을 하면 할수록 집은 조금씩 좁아졌다.
>
> 강해지기 위해 뭉쳐져야 했다.
> 물속에 가라앉은 태양이 다시 떠오를 때까지 있는 힘껏 외로움을 참아야 했다.
> 간혹 누군가 창을 두드릴 때마다 등이 가려웠지만.
>
> 房門을 연다고 다 訪問이 되는 것은 아니었다.
> 위로가 되지 못하는 머리가 아팠다.
>
> 똑바로 누워 다리를 뻗었다.
> 사방이 열려 있었으나 나갈 마음은 없었다. 조금 더 착한 새가 되기 위해서
> 나는 아직 더 잠겨 있어야 했다.
>
> ─「달걀」 전문

잘못이 자기에게 있다고 생각하는 사람은 자신에게 형벌을 가한다. 이 시에서 그것은 바로 기다림을 위한 자기 유폐의 벌로 나타난다. 이번 시집에 자주 나오는 단절과 고립의 심상들은 바로 이와 같은 맥락에

서 읽혀진다. 달걀은 병아리가 깨어나기까지 껍질이라는 그 나름의 견고한 틀 속에 캄캄한 상태로 머무는 것을 말한다. 병아리에겐 이것은 생명의 숙성의 시간이 될 터이지만 달걀 속에 놓여 있다고 생각하는 시적 화자에게는 반성이자 자기 형벌의 시간이란 의미를 갖는다. 그것은 이 시의 이미지를 따라가면 알 수 있다. 자기 유폐의 심상으로 시적 화자는 '달걀' 속의 자아를 상상한다. "스스로 창을 닫"고, "어둠을 뒤집어 쓰"고 "생애라는 낯선 말을 되새김질하며 살"고 있는 모습을 제시하는데, 이는 자아 스스로 자신에게 잘못이 있으므로 벌을 주어야 한다는 인식의 표현이다. 때문에 이미지는 시적 화자 스스로 "집은 조금씩 좁아져" 고통을 가중시키는 것으로 나타난다. 시적 화자로서 '나'가 할 수 있는 일이란 "힘껏 외로움을 참아야 하"거나 "조금 더 착한 새가 되기 위해서/나는 아직 더 잠겨 있어야 하"는 형벌의 수용만 있을 따름이다. '나'가 바라는 바는 이 유폐를 끝내는 것인데, 그러자면 "누군가 창을 두드"려 주어야 하지만 "房門을 연다고 다 訪問이 되는 것은 아"닌 것처럼 진정한 마음의 소통이 없는 한 구원은 없을 것임을 자각하고 있다.

형벌은 자신의 잘못에 대한 책임의 일환으로 고통을 부여하는 것이다. 달걀 속의 삶으로 표현된 일상은 고통의 나날로 볼 수 있다. "조금 더 착한 새가 되기 위해서/나는 아직 더 잠겨 있어야 했다."는 언명은 아직 자신의 잘못에 대한 마땅한 형벌이 내리지 않았다는 판단이다. 즉 자신의 잘못에 대한 정당한 벌이 아직 다하지 않았음을 말하는 것으로, 이는 역설적으로 지난날 자신의 삶의 행태에 대한 후회막급의 심정을 드러낸 것이라 할 수 있다. 자신의 지난날 미숙했던 삶의 행태를 '달걀'이란 공간을 통해 반성, 속죄하고 거듭 성숙되고 진정한 존재로 다시 태어나기를 바라는 염원이 시적 화자 스스로 '병아리', 즉 달걀 속의 존재가 되는 이미지를 택했다고 볼 수 있는 것이다. 시적 화자는 그 누군가가 껍질을 깨어주기를 기다리며 내적 반성과 징벌을 통해 새로운 존재로 거듭나기를 간절히 바라고 있다.

그렇지만 구원은 앞에서도 언급했지만 쉬이 오지 않는다. 기다리는 사람은 쉽게 구원이 오지 않는 까닭이 자신의 반성 부족에 있다고 생각하기 쉽다. 그래서 더욱 더 맹렬하게 자신을 옥죈다. 즉 시적 화자는 자신의 일상적 삶에 형벌의 고통을 배가시키고자 한다. 그것은 바로 자학의 감정이다. 자학이든 자해든 이것은 상황을 이렇게 만든 자신에 대한 분노의 감정이 섞여 있다. 가령 다음과 같은 시 구절 "꽃의 지옥이라도 좋다!//끈끈이주걱 아가리 속으로/몸을 밀어 넣는다/기꺼이 날개를 접는다"(「꽃의 지옥」)의 표현은 자기 파괴 욕구를 드러낸다. 시적 내용으로 볼 때 일정 부분 사랑의 감정을 표현하는 듯도 싶지만 운명에 포착된 존재의 자기 항복의 감정, 즉 자기 징벌의 의미가 이 시에서는 많이 드러난다. 밀폐된 공간 속으로 나를 집어넣어 파괴해버리고 싶은 감정은 자신의 존재성에 대한 환멸 내지 부정의 마음에서 비롯된다. 즉 이 환멸 내지 부정은 앞의 시들에서 보아왔던 자신의 잘못에 대한 징벌의 형태, 다시 말해 잘못이 무엇인지 모르지만 자신의 가벼운 존재성에 의해 그것이 발생했을 터이기에 자신의 존재 자체를 파괴해버리고 싶은 형태로 나타나게 되는 것이다. 이로 인해 그의 시적 세계는 매우 슬프고 고통스러운 풍경들로 가득 차 있다.

고통의 일상화와 처연의 미, 그리고 연민

따라서 이러한 마음으로 일상을 살아가는 시적 화자의 상태는 고통에 붙잡힌 자의 전형이 아닐 수 없다. 서두에서 보았던 "뱀의 길"은 이러한 존재에게는 본질적 삶의 형태로 주어진다. 쓸쓸히 현재적 삶의 형태를 반추하고 자신의 미숙과 불완전성을 깊게 체득하여 존재의 어찌할 수 없음을 처연히 응시하는 것! 그 처연한 응시가 고영 시인이 이번 시집에서 절로 취득하여 보여주는 미의 특징이 아닐까. 다음 두 편의 시는 고통스런 시적 화자가 취할 수 있는 가장 전형적 일상의 모습이자 처연의 미가 어떻게 발생하는지를 잘 보여주는 작품이다.

혼자 있는 밤이 길게 느껴지는 건
내 生의 문장이 너무 진부한 탓이리라.
원고지의 문을 두드려보아도 헛것들만 나를 반길 뿐,
내일의 운세에 슬몃 몸을 의탁해보지만
나를 위해 울어주는 풀벌레 한 마리 없고
어제와 같은 시간대에서 나는 분명 외로울 것이다.
(중략)
표정 없는 표지판처럼
자명해서 오히려 슬픈 밤.
원고지의 밤이 길고 아련한 걸 보니
아무래도 나는
이 밤을 너무, 오래, 걸을 것 같다.

_「원고지의 밤」 부분

혼자 사는 집의 공기가 왜 이리 가볍고 虛한가.

밥을 먹어도 공복
책을 읽어도 공복

그리운 사람도 공복

누가 있거나 말거나
오직 적막을 즐기고 가꾸는 먼지만이
공복의 꽃을 피우고 있다.

(중략)

마중물 붓듯 소리 내어 시집을 읽다가
후두둑 빗소리에 놀라 창밖을 쳐다보다가
펭귄처럼 우두커니 서서 공복의 머리를 긁적이다가

애꿎은 내 그림자나 붙잡고
씨름이나 한판 하는
공복의 빈집

_「저녁의 공복」부분

 슬프다. 두 편의 시에 나오는 시적 화자는 '시'를 쓰거나 읽는 존재로 그려지고 있다. 아마 '시마(詩魔)'에 붙잡혀 시를 최고의 가치로 여겨 삶을 시로 채우려는 사람일지도 모르겠다. 그런데 왜 그리 슬퍼 보이는 것인가! 그것은 혼자 있기 때문이다. 마치 버려진 존재처럼 혼자 사는 고통을 오랫동안 감내하고 있었음을 보여주고 있기 때문이다. 두 편 모두 "혼자 있는 밤이 길게 느껴지는 건", "혼자 사는 집의 공기가 왜 이리 가볍고 虛한가."라고 말함으로써 존재의 고통이 어디에서 기인하고 있는지를 말해주고 있다. 혼자됨은 존재의 본질이 아니다. 우리가 단독자로서 신이나 절대자와 대면하여 존재의 본질을 성찰한다고들 하지만 인간 존재는 다른 인간 존재와 어울려 그 의미를 부여받고 부여하면서 완성된다. 관념적 삶이 아니라면 운명적 공동체나 혈연 공동체가 삶과 의미의 토대가 된다. 그런데 이러한 토대가 두 편의 시에서는 없다. 있는 것은 홀로 되어 그 홀로 지내게 된 슬픔과 쓸쓸함을 반추하고 그러한 상태에서 자신이 취할 수 있는 태도가 무엇인지를 보여주는 것이다.

우선 「원고지의 밤」에서 보여주는 시적 아름다움은 고통의 내면화에서 오는 울림이다. 그 울림은 매우 쓸쓸한 영화의 한 장면을 보는 것처럼 풍경의 아름다움에서 우러난다. 가령 "나를 위해 울어주는 풀벌레 한 마리 없고", "원고지의 밤이 길고 아련한 걸 보니/아무래도 나는/이 밤을 너무, 오래, 걸을 것 같다."의 표현에서 보듯 적막하고 쓸쓸한 한밤 중에 시적 화자는 잠 못 들어 하면서 시를 쓰고 있다. 그 시를 쓰는 심정이 열정으로 가득 차 있으면 좋으련만, 고통을 달래기 위해 마지못해, 하염없이 시를 만지고 쓰다듬고 있는 모습이다. 밤을 혼자 오래 지샐 것이라는 독백, 그것도 스타카토 형식으로 끊어지는 목소리를 내는 데서 애잔함을 우리는 느낄 수가 있는 것이다. 혼자 살고 있는 생의 슬픔을 곡진하게 표현해내고 있다. 이러한 시적 언명 속에서 우리는 홀로됨의 슬픔과 시가 주는 위안을 동시에 느낄 수 있다.

「저녁의 공복」은 또한 어떠한가. 공복이 주는 쓸쓸함에 가슴 메일 것 같다. 이 시에서 말하는 공복은 처음에는 육체적 허기에서 비롯되었겠지만 그것이 육체적 굶주림에서 그치는 것이 아니라 정신적 결핍을 환기하고 있다는 점에서 단순한 공복은 아니다. 바로 영적 공복으로 시인의 존재 자체에서 결핍된 요소가 불러일으키는 것이라 할 수 있다. 때문에 그것은 거의 한에 가까운 정서다. 그래서 이 시에서 시적 화자가 남자임에도 전통 시가에서 볼 수 있는 청상과부의 음산하고 쓸쓸한 모양처럼 애절하기까지 하다. 그러한 느낌이 들도록 하는 것은 시인의 표현에서 오는 묘미일 것이다. 가령 "오직 적막을 즐기고 가꾸는 먼지만이/공복의 꽃을 피우고 있다."는 표현에서 볼 수 있는 것처럼 섬세한 관찰과 직감, "마중물 붓듯 소리 내어 시집을 읽다가/후두둑 빗소리에 놀라 창밖을 쳐다보다가/펭귄처럼 우두커니 서서 공복의 머리를 긁적이다가"의 사실적이고 구체적 형상의 발견, 또 그에 대한 적절한 표현, 그리고 여기에 결정적으로 "애꿎은 내 그림자나 붙잡고/씨름이나 한판 하는/공복의 빈집"으로 표현되는 무상함의 통찰력은 보는 사람으로 하여금 시적 화자의 상황에 동조하지 않을 수 없게끔 한다. 때문에 그 쓸쓸하고 고통스러운 삶의 한가운데로 들어가 같이 그러한 감정을 공유하게 됨으로써 타자가 갖는 삶의 슬픔에 대해 연민의 마음을 먹지 않을 수 없게 하는 것이다.

  대저 연민이란 무엇인가? 남의 일을 나의 일처럼 느껴 불쌍히 여기는 것이다. 맹자의 측은지심으로 남을 나와 같은 존재로 바라보는 어진 마음이다. 이는 생명에 대한 가장 바람직하고 현대사회에서는 절대적으로 필요한 마음이지 않을까. 시인은 자신의 고통의 심정을 구체적이고 사실적으로 그려냄으로써 바로 그와 같은 마음을 이끌어내고 있다. 우리 시대의 생명 위기의 현실에서 모든 생명에 대한 구원의 마음이 될 수 있는 연민의 마음을 시적 상황의 제시로 자연스럽게 발생시키고 있는 것이다.

  이러한 연민을 가능케 하는 고통의 경험이 사회적 의미로 확대되면 고통의 사회학이 된다. 즉 고통받는 사람의 심리를 대변하는 기록이 되는 것이다. 고통을 당해본 사람이 사회적 고통에도 민감한 법이다. 이번 시집에서「딸꾹질의 사이학」이나「밑줄 긋는 사내」등의 작품은 개인적 고통에서 사회적 고통으로 그 의미가 확산되어가는 양상을 취하고 있다. 시인이 인식하고 있는 이 시대적 모습은 "너무 멀리 와버렸다,/구원은 너무 멀리 있다"(「밑줄 긋는 사내」)에 집약적으로 담겨 있는 셈이다. 오늘날 우리의 역사적 현실 역시 경제적·문화적으로도 소외와 고통으로 가득 차 있음을 고발하고 있는 것이다. 이러한 점은 고영 개인적 고통을 통해 사회적 구원의 형식을 추구하는 것으로 볼 수 있다는 측면에서 당대적 맥락을 획득하고 그 의미의 건강성을 확보하고 있다고 해야 할 것이다.

그러나 고영의 시는 대사회적 맥락에 서 있기보다 존재의 본질에 대한 성찰에 입각해 있는 것 같다. 이 점은 시적 아름다움으로 제시되는 처연함이 모든 존재의 본질로 확산됨에 더 큰 의미를 부여할 수 있기 때문이다. 가령 고통과 연민에서 시작된 정서적 의식이 어떻게 우주적 의미로 확산되어갈 수 있는지를 보여주는 시편에서 그것을 발견할 수 있다. 진정 처연한 아름다움으로 보여지는 다음 한 편의 시를 보게 됨으로써 천상 고영 시인이 왜 처연과 연민의 시인이 될 수밖에 없는지를 이해할 수 있게 된다고나 할까.

  얼음 거울 위에 앉아
  겨울새들은 자꾸 무엇을 파는가

  부리가 닳는 줄도 모르고
  거울 속에 박힌
  제 날개를 꺼내려 함인가

  바닥에 가라앉은 그림자를 깨우기 위해
  연신 얼음을 친다

    정(釘)을 친다

    쩡쩡
    거울이 운다, 물이 운다

    새들의 그림자를 안고 괴로워하는
    겨울 강

_「겨울 강」 전문

  시인에게 겨울 강과 새의 모습은 고통스런 자아를 반영하는 형상으로 다가온다. 이 시에서 새는 자신의 모습을 온전하게 찾기 위해 얼음으로 화한 겨울 강을 부리로 쫀다. "바닥에 가라앉은 그림자를 깨우기 위해/연신 얼음을 치"는 새의 모습은 결핍된 존재가 자신의 잃어버린 정체성을 찾기 위해 몸부림치는 모습을 형상화한 것으로 보이는 것이다. 즉 이별과 상실로 고통에 빠져 몸부림치는 시적 화자의 자아를 자연의 형상물에서 찾은 것이다. 때문에 이 시에서 자신을 자학하는 새는 시적 화자의 정신적 투사물이다. 그리고 이때 "얼음 거울"이 되는 "겨울 강", 특히 "새들의 그림자를 안고 괴로워하는/겨울 강"은 화자의 정신적 고통에 상응하는 자연의 반응이다. 자아와 세계는 서로 동기감응(同氣感應)하여 우주적 교감과 질서를 구현해낸다. 그것은 고차원적 관점에서 바라보아야만 볼 수 있는 세계의 또 다른 면목이다.

  이 시점에서 시인은 사물의 현상에만 그 시선이 닿지 않고 현상 너머, 혹은 표피를 통과하여 사물과 생의 진실을 꿰뚫어보는 자라고 말해도 될 것 같다. 나의 고통으로 인해 세계의 고통을, 그리고 고통으로 인한 존재의 본질을 직관으로 파악하는 것이다. 그 직관의 밑바탕에 고통을 통한 공감과 연민의 감정이 놓여 있음은 불문가지다. 따라서 시인이 "가만히 들어보니/나무에 앉아 우는 새들도 목이 다 쉬었다/허공에 하얗게 떠 있는 잎사귀들/새들의 눈물이 발라져 있는 잎사귀 물결들/반짝거린다"(「감염」)라고 말하거나 "만지면 만질수록/소스라쳐 울기만 하는/가엾은 새여,//우리 아직 포기하지 말자!//도어록을 부수고/새를 꺼낸다"(「연민」)라고 다른 여러 시에서 새를 비롯한 이 자연의 사물들에 공감하며 아파하는 것은 바로 처연함이 갖는 힘과 연민이 주는 구원의 의미를 알고 실천하고자 하는 뜻일 것이다. 이를 두고 개인적 고통과 처연이 우주적 아름다움과 구원의 형식으로 다가온다고 말해도 지나친 의미 부여는 아닐 것이다. 「겨울 강」은 바로 이와 같은 말을 부여해도 아깝지 않은 처연의 아름다움과 연민의 숭고함이 뒤섞여 있다.

　이 시집의 모든 슬픔과 고통의 시작은 당신과의 이별에서 시작된다. 그런데 그 원인을 알 수 없다. 시인 스스로 "누가 꽃의 입을 닫게 했는가/누가 별똥별을 꺼뜨렸는가"(「사이」)라고 말하면서 그 원인을 곤혹스럽게 묻고 알고자 하지만 구체적인 대답과 해결책은 없고, 다만 당신과 내가 다시 만날 수 있는 구원이 오기까지는 "맨발의 입술만이/저 사이를 다 건널 수 있으리라"(「사이」)처럼 끝없는 고통만이 있을 것이란 전망을 내놓고 있을 뿐이다. 그러나 시집 전체를 읽은 사람은 어렴풋이 알게 되리라. 그 원인이 바로 시의 아름다움에 빠져 눈먼 상태가 된 것에 있음을. 즉 이 시집에 보이는 시적 화자는 '시마'에 붙잡혀 세상의 그 무엇도 가치 있다 여기지 않고 시적 아름다움 속에 깊이 함몰돼 있다. 시적 화자가 고영 시인의 분신이라면, 시인 역시 '시마'에 붙잡혀 세속적 삶의 책임을 다하지 못했을 수도 있겠다는 생각이 문득 드는 것이다. 그래서 혼자되는 슬픔을 겪는 것은 아닌지. 그렇다면 그의 잘못과 슬픔은 질타해야 할 성질의 것인가? 예찬해야 할 성질의 것인가? 이 점에 대해서는 선뜻 답하기 곤란한 무엇이 있다.

그렇지만 일상적 존재인 독자의 입장에 볼 때 현재의 삶은 고통을 주기에 다시 '당신'으로 대변된 공동체적 현실성을 복원할 필요가 있다는 점에는 동감한다. 그런데 이 점은 문학의 측면에서 보면 조금 주저되는 역설적 성격을 발생시킨다. 작품 바깥의 현실적 삶으로 볼 때는 현재의 시적 화자의 삶은 불행과 고통이지만 시적 진정성과 아름다움을 추구하는 관점에서 보면 지고한 가치의 한 극점이 된다. 독자인 우리는 무엇을 볼 것인가? 현실인가? 미의 환상인가?

그러나 이것 또한 잘못된 말이다. 환상은 현실의 결핍된 그 무엇이 불거져 나온 것이라고 프로이드가 말한 것을 염두에 둔다면 현실과 환상은 서로 관련 없는 것이 아니다. 그것들은 서로 교차적으로 결합해 현재의 결핍을 환기하고 메울 방도를 알려줌으로써 우리를 더 지고한 세계로 이끌고 간다. 그런 점에서 현실과 환상을 아울러 보는 안목이 필요하다. 고영의 시는 바로 현실과 그 현실의 반영으로서 작품이 어떻게 교차적으로 결합돼 아름다운 울림을 만들어내는지를 잘 보여준 사례. 특히 오늘의 우리 현실에서 결핍된 생명이 갖는 본질적 슬픔을 시인 고영은 고통의 영상으로 잘 펼쳐 보여주고 있다. 그것이 우리의 영혼을 울리고 일상적 삶의 각질을 부수어내게 한다는 점에서 동시대적 가치가 있다 하지 않을 수 없다. 시인의 고통에 경의를 표한다.

시인의 말

처음 시인이 될 때
더도 덜도 말고 시집 딱 세 권만 내면 좋겠다는 생각을 했다.
그런데 어느덧, 벌써, 세 권째다.
뿌듯함보다는 부끄러움이 앞서는 게 솔직한 심정이다.
그사이 나는 참 많은 사물들에게 빚을 졌고
많은 사람들에게 폐를 끼쳤다.
시집 세 권만 내고 말기에는
갚아야 할 은혜가 너무 크고 무겁다.
이런 이기적인 내가
점점 좋아지고 있는 작금이다.

2015년 2월
고영